Ingo Gottlieb

Flug über Halle

Ingo Gottlieb

Flug über Halle

Luftbilder

fliegenkopf verlag

Repro und Satz: Satz Repro Grafik GmbH, Leipzig
Druck: Jütte Druck GmbH, Leipzig
Buchbinderische Verarbeitung: Kunst- und Verlagsbuchbinderei GmbH, Leipzig

ISBN 3-910147-46-1

Flug über Halle

Wer hat den Wunsch nicht schon einmal verspürt, sich, einem Vogel gleich, scheinbar schwerelos in die Luft zu erheben und aus wenigen hundert Metern Höhe auf Städte und Dörfer, Flüsse, Seen, Felder und Wälder zu schauen.
Es war für mich ein lange Zeit unerfüllbarer Traum, meine Heimatstadt Halle so erleben und mit der Kamera festhalten zu können.

Ein erster Versuch im November 1990 vermittelte zwar die ersehnte Sicht auf die Stadt und das Umland, doch waren die Bedingungen, die der russische Doppeldecker AN 2 bot, kaum zur Verwirklichung meiner Fotografen-Träume geeignet.
Zwei Jahre später ergab sich dann die Möglichkeit, mit einem Sportflugzeug einer halleschen Charterfluggesellschaft erneut in die Luft zu steigen. Meinem damaligen Piloten, Herrn Eberhard Luger, möchte ich an dieser Stelle danken, denn mit seinem präzisen fliegerischen Können hat er Anteil daran, daß ich mein Projekt verwirklichen konnte.

An einem klaren, sonnigen Herbsttag im Oktober 1992 starteten wir mit einem einmotorigen Sportflugzeug vom Typ Cessna 172 vom Flugplatz Halle-Oppin aus, gewannen schnell an Höhe und erreichten in wenigen Minuten den Stadtrand von Halle.
Schon bald stellte sich jenes Gefühl ein, das ich beim ersten Mal auf Grund der widrigen Umstände weitestgehend vermißt hatte: jene schwer zu beschreibende Mischung aus einem selten erlebten Hoch-Gefühl und der Faszination dieser einzigartigen Perspektive. Rationales und emotionales Erleben und Empfinden liegen hier eng beieinander. Der Blick schweift über die Stadt, verweilt an einem Punkt; man sucht die Bauten, die das Stadtbild prägen, das Stadtviertel, wo man zu Hause ist, das Haus, in dem man lebt.

Dort, wo auf dem Stadtplan die langgestreckte Stadtfläche von einem Netz von Straßen überzogen ist, werden plötzlich im Laufe einer langen Geschichte gewachsene Strukturen sichtbar, erkennt man die ursprünglich von einer Befestigung umgebene Altstadt, sieht, wie Halle nach und nach früher außerhalb seiner Grenzen liegende Siedlungen in sich aufgenommen hat, aber auch durch großzügig geplante, leider zum Teil in der Realisierung unvollendet gebliebene, aber trotzdem gut an Bestehendes anschließende und den baulichen Ausdruck ihrer Zeit dokumentierende Stadtviertel gewachsen ist.

Zwar blieb Halle glücklicherweise im 2. Weltkrieg von verheerenden Bombardierungen, die das Gesicht vieler großer Städte unwiederbringlich zerstörten, verschont, doch fallen Narben und Wunden, die vor allem in den zurückliegenden vier Jahrzehnten entstanden sind, schmerzlich auf. Zu oft unterbrechen die nach großflächigen Abbrüchen alter Wohnquartiere mit wenig stadtplanerischem Gespür errichteten Neubauten die lebendige Vielfalt der gewachsenen Stadt schroff. Einstige Prestige- und Repräsentationsobjekte wirken als Fremdkörper und lassen jenen Willen zum behutsamen Umgang mit Zeugnissen vergangener Bauepochen vermissen, der für die harmonische Einbindung des Neuen in das Stadtbild so unerläßlich ist.

Trotzdem ist der Blick auf die Stadtlandschaft ebenso faszinierend wie die Sicht auf das Detail, denn die Stadt konnte trotz aller Rücksichtslosigkeit, mit der man Veränderungen durchsetzte, charakteristische Besonderheiten bewahren.
Die Vogelschau gestattet sonst nicht mögliche Übersichten, erlaubt Einblicke in Höfe und Gärten, zeigt das pulsierende Leben in den Straßen und auf den Plätzen, den Wechsel von Licht und Schatten in dem an diesen schönen Herbsttagen weniger grau wirkenden, von mancher grünen Insel und inzwischen zahlreichen neu gedeckten roten Dächern aufgelockerten Häuser-Meer ebenso wie die landschaftlichen Reize des Saaletales.

Diese Eindrücke für den späteren Betrachter der Fotos nacherlebbar festzuhalten, war das Ziel meiner vier Flüge über Halle, in deren Verlauf mehrere hundert Aufnahmen aus etwa 300 Metern Höhe entstanden. Dann begann das sorgfältige Sichten und Prüfen der Bilder. Nicht alles hielt dem kritischen Urteil stand. Da auf Grund der Geschwindigkeit des Flugzeuges für jede Aufnahme zwischen dem Bestimmen des Motives und dem Betätigen des Auslösers lediglich ein Zeitraum von wenigen Sekunden lag, ist das nicht verwunderlich. Andererseits wollte ich auf Vergrößerungen von Bildausschnitten verzichten und nur Fotos in ihrem ursprünglichen Zustand verwenden, auch dann, wenn gelegentlich am Bildrand Teile des Flugzeuges zu sehen sind. Trotzdem fiel die Auswahl aus dem nun zur Verfügung stehenden Material für dieses Buch nicht leicht.
Nun liegt es vor Ihnen und lädt zum Entdecken der Stadt Halle aus ungewöhnlicher Perspektive ein.

Halle (Saale), im März 1993

Ingo Gottlieb

Das Zentrum der Stadt mit Marktplatz, Hallmarkt und Altem Markt;
am rechten oberen Bildrand die Franckeschen Stiftungen.

Der Rote Turm, erbaut 1418 bis 1506, und die Marienkirche,
die ihre heutige Gestalt in den Jahren 1529 bis 1554 erhielt, von Norden.

Blick über den Marktplatz von Nordosten.

Der Marktplatz von Nordwesten.
Im Vordergrund fallen die Renaissancebauten des „Kühlen Brunnens"
(links unten) und des Marktschlößchens mit seinem Treppenturm auf.

Marienkirche und Roter Turm von Südwesten.
Im oberen Bildteil links der Frontgiebel des ehemaligen Gildehauses St. Nikolaus in der Großen Nikolaistraße. Rechts davon treffen Große Ulrichstraße und Große Steinstraße aufeinander.

Das Stadtviertel südlich von Marktplatz und Hallmarkt.
Im Vordergrund die Gebäude der Schulen an der Dreyhaupt-, Gutjahr- und Oleariusstraße; rechts am Bildrand der Alte Markt.

Die Städtische Handwerkerschule,
1899–1901 an der Gutjahrstraße erbaut.

Blick über Hallorenring und Moritzkirchhof zum Alten Markt.
Links neben der Moritzkirche das aus dem 16. Jahrhundert
stammende alte Johannishospital; am linken Bildrand der Hallmarkt.

Die Moritzkirche, 1388 begonnen und 1511 vollendet,
mit Moritzkirchhof und Pfarrgarten, der zum Hallorenring durch Reste
der mittelalterlichen Stadtbefestigung, der Hallmauer, begrenzt wird.

Blick über den südlichen Teil des Stadtzentrums nach Osten.

Der Alte Markt, der zu den ältesten Siedlungskernen der Altstadt zählt,
und die zum Marktplatz führende Schmeerstraße von Süden.

Das Stadtviertel östlich der Schmeerstraße.
Fast parallel zu ihr verlaufen die Große und die Kleine Märkerstraße. An der Westseite der Großen Märkerstraße der Renaissance-Bau des Schleiermacherhauses mit dem Treppenturm. Am linken unteren Bildrand zweigt die Zapfenstraße von der Schmeerstraße ab.

Das Stadtviertel östlich der Schmeerstraße mit der Großen und der Kleinen Märkerstraße und der heute als Konzerthalle genutzten Ulrichskirche. Am rechten oberen Bildrand das Gebäude des Magistrats, erbaut 1928–1930, und die Rückseite des Jena'schen Stifts an der Rathausstraße mit dem Renaissance-Treppenturm.

Blick über die Franckestraße und die obere Leipziger Straße zur Charlottenstraße und zum Stadtgottesacker. Im Vordergrund, an der Ecke der Rudolf-Breitscheid-Straße, das 1871–1872 errichtete und später mehrfach umgebaute frühere Stadtschützenhaus.

Der Leipziger Turm,
Rest des 1819 abgebrochenen Galgtores, gehört zu den wenigen
erhaltenen Zeugnissen der mittelalterlichen Stadtbefestigung.

Die obere Leipziger Straße mit dem Leipziger Turm von Osten.
Rechts Martinstraße, Töpferplan und Gottesackerstraße.

Die Stadtviertel nördlich des Leipziger Turmes.
Am Hansering das Justizgebäude, an der Großen Steinstraße die Post; auf der rechten Bildseite das Viertel an der Charlottenstraße und der Stadtgottesacker, am rechten oberen Bildrand die Magdeburger Straße.

Blick über das Stadtviertel an der Charlottenstraße zum Leipziger Turm. Dahinter links, am Waisenhausring, die Goetheschule und am linken oberen Bildrand die Franckeschen Stiftungen.

Der Stadtgottesacker von Südwesten.
Der Friedhof entstand 1529 als Ersatz für die Friedhöfe auf dem Markt. Zwischen 1557/58 und 1594 wurden nach Entwürfen von Nickel Hofmann 94 Schwibbögen mit Grüften und der charakteristische Torturm errichtet. Nach Bombenschäden jahrzehntelang dem Verfall preisgegeben, sind engagierte Denkmalpfleger um eine Rettung dieses Baudenkmals bemüht.

Blick über die untere Leipziger Straße nach Norden.
Im Vordergrund links der spätgotische Hallenbau der 1339 begonnenen und 1510 vollendeten Ulrichskirche, die seit 1976 als Konzerthalle genutzt wird. Rechts führt der Hansering zur Großen Steinstraße.

Das Justizgebäude am Hansering von Süden.
Rechts das 1967 entstandene Fahnenmonument.

Das Justizgebäude am Hansering, 1901–1905 erbaut.
Die Gustav-Anlauf-Straße (links) und die Rathausstraße führen zum Marktplatz.

Das Postgebäude an der Großen Steinstraße,
1892–1896 im neoromanischen Stil erbaut, von Osten. Dahinter das heute von der Universität genutzte ehemalige Hotel „Stadt Hamburg" und rechts die Universitäts-Zahnklinik, ursprünglich Bankhaus Lehmann.

Blick über die nördlichen Stadtviertel.
Am linken unteren Bildrand der Hansering, rechts die Universitäts-Kliniken.
Im oberen Teil des Bildes links Dom und Moritzburg, rechts die Ludwig-Wucherer-Straße
und das Gebäude der Bezirksregierung an der Willy-Lohmann-Straße.

Das Opernhaus am Universitätsring.
Links im oberen Teil des Bildes Robertinum und Hauptgebäude der Universität, rechts das Viertel an der Marthastraße. Hinter dem Opernhaus die Schule und das Krankenhaus am Weidenplan.

Der Universitätsplatz.
Blick über den Kaulenberg mit den Rückfronten der „Tulpe“, des Thomasianums, Rektoratsgebäudes und Melanthonianums zur Schulstraße. Rechts das Neue Theater, am linken oberen Bildrand das Opernhaus.

Der Universitätsplatz mit Melanchthonianum, Rektorat, Thomasianum, Hauptgebäude
und Robertinum. Im Vordergrund das Neue Theater an der Großen Ulrichstraße.

Blick über den Universitätsring zum Opernhaus und zur August-Bebel-Straße.
Links im Vordergrund das 1832–1834 errichtete Hauptgebäude
der Universität und daneben das Robertinum, erbaut 1889–1891.

Das Opernhaus.
Es entstand aus der Ruine des 1884–1886 errichteten und
Ostern 1945 zerstörten Stadttheaters in den Jahren 1948–1951.

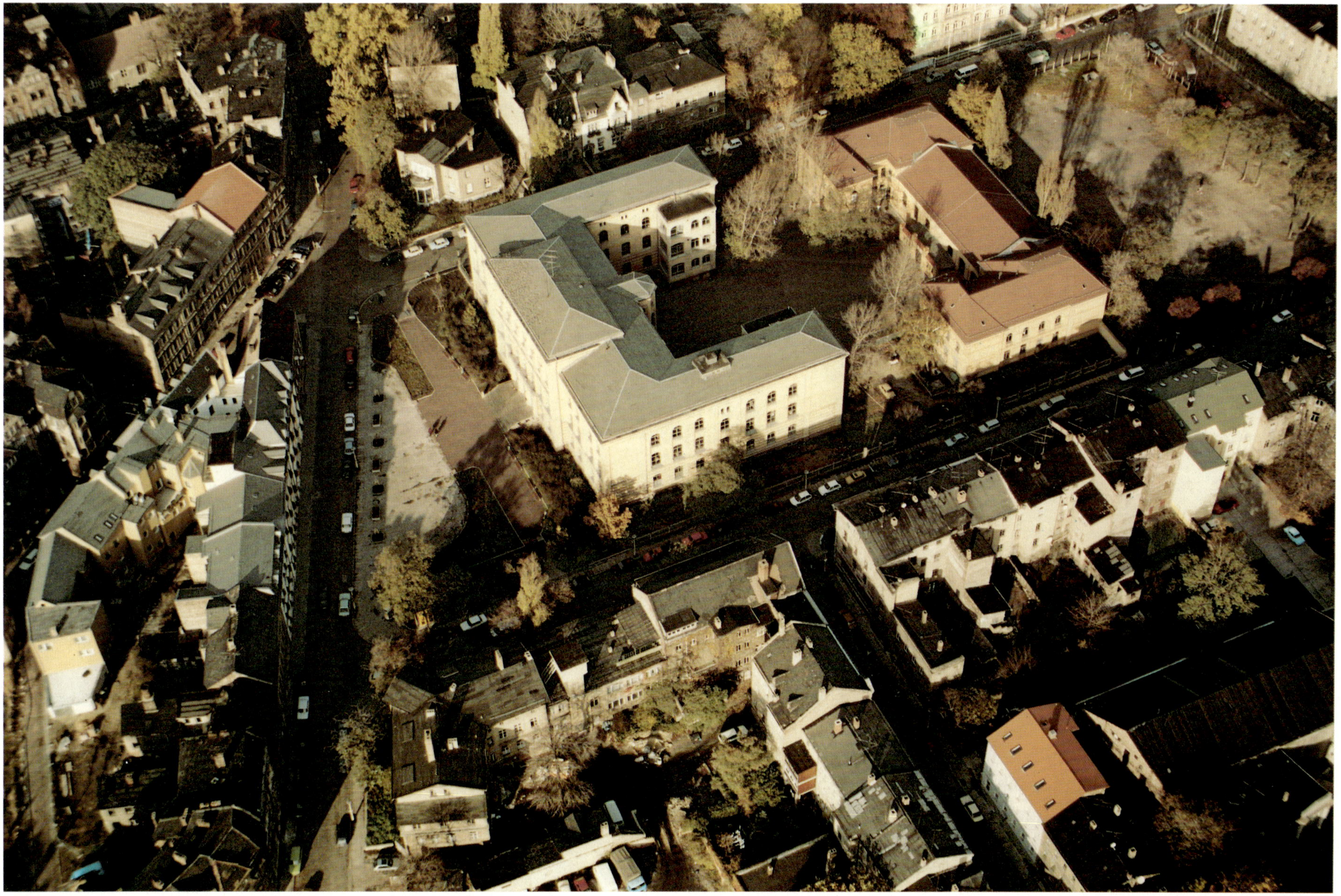

Das Christian-Thomasius-Gymnasium an der Adam-Kuckhoff-Straße
wurde 1869 als Stadtgymnasium eröffnet.

Die Universitäts- und Landesbibliothek, erbaut 1879–1880,
das heute ebenfalls von der Bibliothek genutzte ehemalige Oberbergamt,
1883–1884 errichtet, und das 1904 eingeweihte Gebäude der
Deutschen Akademie der Naturforscher Leopoldina an der August-Bebel-Straße.

Blick zur Universitäts- und Landesbibliothek von Südwesten;
rechts im Bild der Weidenplan mit Krankenhaus und Schule.

Blick über das Paulusviertel zur Dessauer Straße,
am unteren Bildrand die Ludwig-Wucherer-Straße.

Das Paulusviertel.

Der 1869 eingeweihte Friedhof der Jüdischen Gemeinde mit der seit 1953
als Synagoge dienenden Trauerhalle an der Humboldtstraße.

Der Gertraudenfriedhof am Landrain
wurde in den Jahren 1912–1914 angelegt.

Der Wasserturm an der Paracelsusstraße, errichtet 1897–1899,
dahinter der 1851 eingeweihte Nordfriedhof.

Der Wasserturm an der Paracelsusstraße;
links der Jüdische Friedhof an der Humboldtstraße, rechts der Nordfriedhof.

Die Pauluskirche,
1900–1903 nach dem Vorbild der märkischen Backsteingotik als Zentralbau
auf dem Hasenberg errichtet, und der Rathenauplatz.

Am Steintor.
In der Bildmitte der 1929–1930 als Arbeitsamt errichtete Klinkerbau;
am unteren Bildrand die Große Steinstraße, rechts die Magdeburger Straße.

Die Universitäts-Kliniken und das Stadtviertel östlich der Magdeburger Straße.

Die Kliniken und medizinischen Institute der Universität
wurden ab 1879 auf einem etwa 6 Hektar großen, im Westen vom Franzosenweg und
im Osten von der Magdeburger Straße begrenzten Gelände, der Maillenbreite, errichtet.

Blick über den Riebeckplatz auf die Magdeburger Straße.
Der Platz erhielt seine heutige, an die ursprüngliche Form kaum noch erinnernde Gestalt in den Jahren 1964–1970.

Der Hauptbahnhof, 1890 eingeweiht, von Süden.

Die Berliner Brücke,
erbaut 1914–1916, überspannt mit einer Länge von 275 Metern
die Gleisanlagen des Güterbahnhofes nordöstlich des Hauptbahnhofes.

Die Berliner Brücke.

Der Riebeckplatz
mit Magdeburger Straße und Einmündung der Hochstraße in die Volkmannstraße.
Links zweigt die Franckestraße ab, rechts die Delitzscher Straße.

Das Postgebäude an der Ernst-Kamieth-Straße.

Bick über die Franckeschen Stiftungen und den Waisenhausring
auf den südlichen Teil der Altstadt. Links im oberen Bildteil
die St.-Georgen-Kirche in Glaucha, rechts der Robert-Franz-Ring.

Blick vom Riebeckplatz nach Westen mit den Franckeschen Stiftungen, der Propsteikirche St. Franziskus und St. Elisabeth, der Moritzkirche und der Hochstraße nach Halle-Neustadt. Links am oberen Bildrand die Passendorfer Wiesen mit der Pferderennbahn.

Halle-Neustadt.
Blick über die Magistrale nach Südwesten, unten links der Bruchsee.

Halle-Neustadt.
Das Stadtzentrum, am oberen Bildrand der Bruchsee.
Die seit 1967 selbständige Stadt wurde 1990 nach Halle zurückgemeindet.

Das ehemalige Gutshaus, die Kirche und der Kirchteich von Passendorf
am Rande von Halle-Neustadt.

Das Krankenhaus Halle-Dölau, 1936–1939 als Luftwaffenlazarett errichtet;
das Kinderkrankenhaus entstand 1971–1972.

Das Universitäts-Klinikum an der Ernst-Grube-Straße in Kröllwitz
wurde in den Jahren 1971–1976 erbaut.

Der Komplex der Institute der Martin-Luther-Universität am Weinberg
entstand in seinen Anfängen in den fünfziger Jahren und wurde seitdem ständig erweitert.

Das St.-Elisabeth-Krankenhaus, die Hochhäuser am Steg in Glaucha,
die St.-Georgen-Kirche, die Propsteikirche St. Franziskus und St. Elisabeth und
die Hochstraße nach Halle-Neustadt. Am linken Bildrand oben das Hospital an der Glauchaer Straße.

Das St.-Elisabeth-Krankenhaus mit dem Schwesternhaus
und der 1894–1896 erbauten Propsteikirche von Süden.

Die St.-Georgen-Kirche an der Glauchaer Straße konnte nach einem Brand der alten Kirche 1744 eingeweiht werden; der Turm wurde 1755 vollendet. Nach Jahrzehnten des Verfalls kann sie die Gemeinde nun wieder herrichten.

Blick auf Glaucha von Südwesten mit dem Ratswerder und dem Hospital
an der Glauchaer Straße; links am unteren Bildrand der Holzplatz.

Der alte Gasometer am Holzplatz, der Ratswerder
und das Hospital an der Glauchaer Straße.

Die Genzmerbrücke verbindet seit 1904 Glaucha mit dem Holzplatz;
rechts die Gebäude der Brauerei.

Blick vom Steg auf den Alten Markt und den Franckeplatz.
Am linken oberen Bildrand die Konzerthalle (Ulrichskirche) an der Leipziger Straße.

Die Franckeschen Stiftungen.
Das Hauptgebäude wurde in den Jahren 1698–1700 erbaut; die langgestreckten Häuserreihen, die den Lindenhof säumen, entstanden in den folgenden Jahrzehnten.

Blick von Süden über die Franckeschen Stiftungen auf die Altstadt.
Links der Franckeplatz und am rechten oberen Bildrand die Konzerthalle (Ulrichskirche) an der Leipziger Straße.

Die Altstadt von Süden.
Der Blick reicht von den Franckeschen Stiftungen bis zur Universitäts- und Landesbibliothek am oberen Bildrand.

Blick von Südwesten auf den Rannischen Platz und die Franckeschen Stiftungen.
Links die Torstraße mit den am unteren Bildrand erkennbaren fünf Vereinsstraßen,
die in den Jahren 1873–1874 entstanden und in die Wörmlitzer Straße münden.
Weiter rechts die Beesener Straße, am rechten Bildrand die Liebenauer Straße.

Die Stadtviertel südlich von Moritzzwinger und Waisenhausring
in Richtung Osten. Am oberen Bildrand die Hochhäuser am Riebeckplatz, am unteren Bildrand links die
Torstraße. Der Blick reicht von den Hochhäusern am Steg am linken Bildrand bis zur Pfännerhöhe rechts.

Das Pflegeheim an der Beesener Straße, davor der Melanchthonplatz.
Links führt die Wolfstraße zur Liebenauer Straße und wird von der Pfännerhöhe fortgesetzt.

Das Pflegeheim an der Beesener Straße von Westen.
Es entstand 1888–1892 und wurde in den Jahren 1912–1914 durch den großen Neubau erweitert.

Das Stadion, 1936 eingeweiht, die Kleingartenanlagen zwischen Straße der Republik und Beesener Straße, das Paul-Riebeck-Stift an der Kantstraße und das Rehabilitationszentrum für Sehgeschädigte an der Bugenhagenstraße.

Das Paul-Riebeck-Stift, erbaut 1894–1896, von Süden.

Böllberg.
In der Bildmitte die am 14. September 1992 ausgebrannte Mühle. Rechts davon, unmittelbar an der Straße, die wohl aus dem 12. Jahrhundert stammende Dorfkirche St. Nikolai. Jenseits des Böllberger Weges das 1926–1931 entstandene Gesundbrunnenviertel.

Die ehemaligen Hildebrand'schen Mühlenwerke in Böllberg, erbaut 1876, nach dem Brand vom 14. September 1992.

Die Turmstraße und die Liebenauer Straße kreuzen den Lutherplatz
mit dem 1927–1928 errichteten Wasserturm. Am rechten oberen Bildrand das
Viertel östlich der Merseburger Straße, links das Pflegeheim an der Beesener Straße.

Der Lutherplatz, Blick von der Turmstraße.
Das Projekt der Siedlung für ursprünglich 4000 Wohnungen westlich und östlich des Lutherplatzes konnte 1927–1929 nur teilweise verwirklicht werden.

Industrie- und Wohnbauten und die 1929–1930 erbaute Kirche
„Zur Heiligsten Dreieinigkeit" prägen das Viertel zwischen Huttenstraße und Lutherplatz.
Am rechten oberen Bildrand die Merseburger Straße.

Die Huttenschule am Südfriedhof,
1900–1901 als Volksschule erbaut,
und die Mündung der Turmstraße in die Huttenstraße.

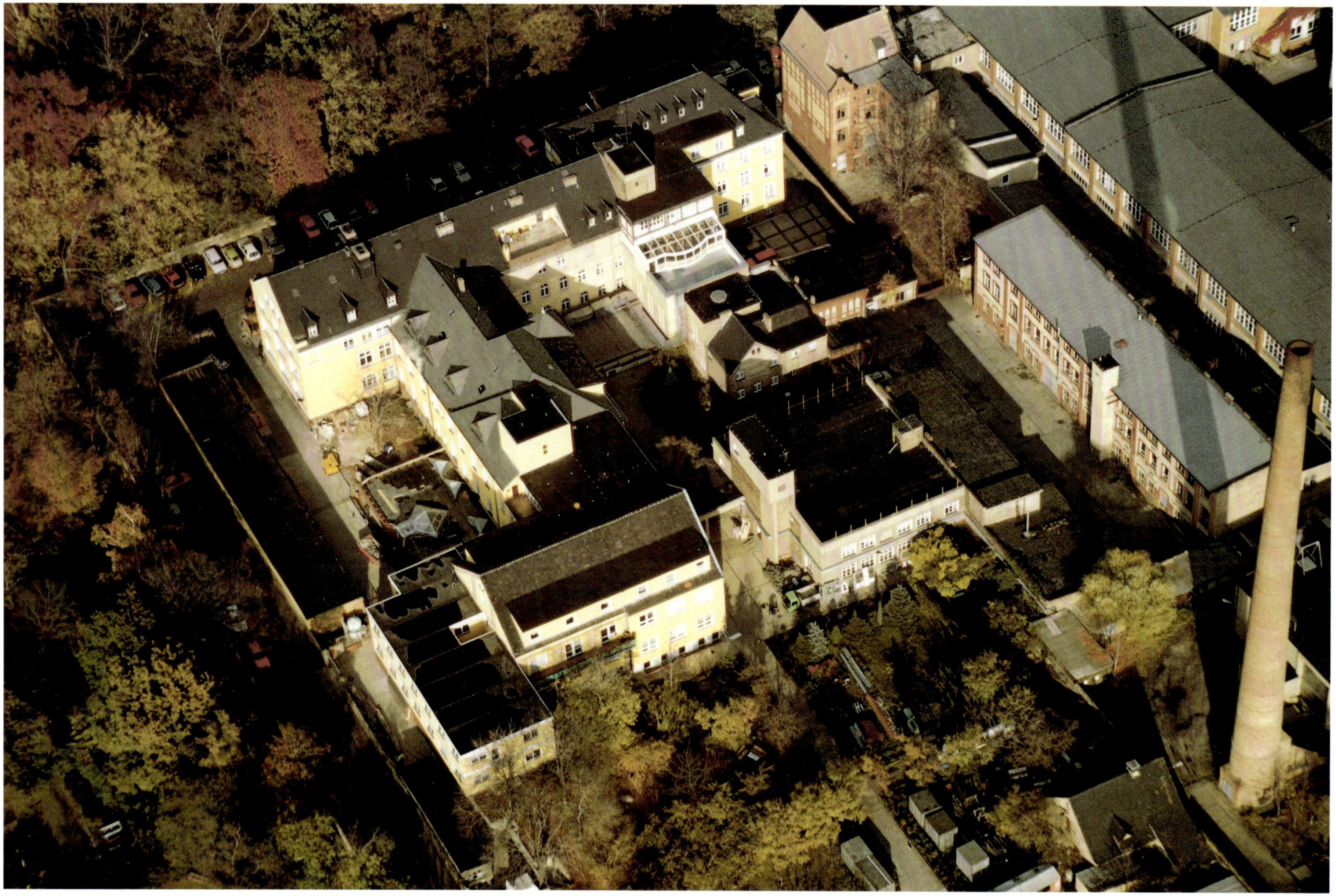

Das St.-Barbara-Krankenhaus von Süden.

Der Südfriedhof an der Huttenstraße wurde 1887 eingeweiht.

Die Lutherkirche an der Damaschkestraße
wurde 1929 nach einjähriger Bauzeit eingeweiht.

Das Stadtkrankenhaus an der Merseburger Straße.
1893–1894 entstand im Auftrag der Knappschafts-Berufsgenossenschaft das Krankenhaus „Bergmannstrost“ als eines der ältesten deutschen Unfallkrankenhäuser.
Das Gebäude an der Straße wurde 1939 bezogen.

Das Heizkraftwerk an der Dieselstraße.

Blick über die Vogelweide nach Norden.
Die 13 Gebäude an der Nordseite der Straße entstanden 1930–1932, während die Bebauung der Südseite erst Ende der fünfziger Jahre erfolgte. Rechts am oberen Bildrand die Elsa-Brändström-Straße.

Beesen, bis 1950 zu Ammendorf gehörig,
mit dem Wasserwerk und Wohnbauten der Südstadt.

Ammendorf.
In der Bildmitte das frühere Rathaus des 1950 nach Halle eingemeindeten ehemals größten Ortes des Saalkreises, der seit 1937 das Stadtrecht besaß, und die St.-Katharinen-Kirche.

Das Wasserwerk, das alte Dorf Beesen und Wohnbauten der Südstadt.

Blick über die Elsteraue auf die Neubauten der Südstadt.

Blick über die Altstadt nach Südwesten,
rechts oben im Bild die Passendorfer Wiesen mit der Pferderennbahn.

Die Saline an der Mansfelder Straße.
Von 1722 bis 1964 wurde hier Salz aus Sole gewonnen. Von den ursprünglich umfangreichen Anlagen auf der Saalehalbinsel werden heute das Siedehaus und das Uhrenhaus in der Bildmitte als Halloren- und Salinenmuseum genutzt.

Das Stadtviertel westlich der Großen Ulrichstraße
mit Dom und Moritzburg; am oberen Bildrand die Salinehalbinsel.

Der Domplatz.
Der Dom ist die älteste Kirche der Stadt und wurde zwischen 1271 und etwa 1330 errichtet.
Seine heutige Gestalt erhielt er zur Zeit Kardinal Albrechts im 16. Jahrhundert.

Blick über den Mühlgraben auf den Dom und die Residenz,
links das Chemische und das Zoologische Institut der Universität.

Die Westfront der Residenz am Mühlgraben.
1531–1537 erbaut, sollte sie das von Kardinal Albrecht gegründete „Neue Stift“, eine katholische Universität, aufnehmen. Von 1644–1680 diente der Gebäudekomplex dem Administrator Herzog August von Sachsen als Residenz, während er heute von der Universität genutzt wird.

Blick von der Kleinen Klausstraße auf Residenz, Dom und Zoologisches Institut am Domplatz. Dahinter rechts die Neumühle an der Mühlpforte.

Das Händelhaus an der Großen Nikolaistraße.
Hier wurde Georg Friedrich Händel am 23. Februar 1685 geboren.

Blick über die Große Klausstraße und die Große Nikolaistraße
nach Nordosten. Am rechten oberen Bildrand die Große Ulrichstraße, links die Kleine Ulrichstraße.

Blick über den Universitätsring nach Süden.
Links am unteren Bildrand die Emil-Abderhalden-Straße, rechts die Geiststraße.

Blick über den Moritzburgring nach Süden.
Rechts die 1484–1517 errichtete und während des Dreißigjährigen Krieges 1637 ausgebrannte Moritzburg; am oberen Bildrand der Dom. Am unteren Bildrand das 1897–1898 zwischen Großer und Kleiner Ulrichstraße erbaute Jugendstilhaus.

Die Moritzburg von Norden.
Blick über die Nordwestbastion in den Innenhof. Am linken oberen Bildrand das 1887–1890 erbaute Physikalische Institut der Universität am Friedemann-Bach-Platz.

Die Moritzburg von Nordosten.
Blick über die Magdalenenkapelle hinter der Nordostbastion zur Südostbastion und zur 1902–1904 als Städtisches Kunstmuseum errichteten heutigen Landesgalerie Moritzburg.

Die Moritzburg von Süden.
Links der Robert-Franz-Ring. Am oberen Bildrand das Tschernyschewskij-Haus der Universität, im 19. Jahrhundert für die Loge „Zu den drei Degen" auf dem Jägerberg errichtet; rechts davon mündet die Große Wallstraße auf den Moritzburgring.

Blick über den Sport- und Tennisplatz an der Ziegelwiese und das Neuwerk nach Osten. Am linken Bildrand die Straßengabelung Am Kirchtor/Neuwerk, am rechten oberen Bildrand Moritzburg und Physikalisches Institut.

Am Neuwerk: der seit 1698 bestehende Botanische Garten der Universität und, links daneben, Neumarktkirche und -friedhof St. Laurentius am Kirchtor.

Kirche und Friedhof St. Laurentius am Kirchtor.
Der im 12. Jahrhundert erbaute Querturm der Kirche gehört zu den ältesten romanischen Bauwerken in Halle. Auf dem Friedhof fanden zahlreiche namhafte Bürger der Stadt ihre letzte Ruhestätte.

Am Neuwerk: Institutsgebäude der Hochschule für Kunst und Design
Burg Giebichenstein im Park der ehemaligen Villa Steckner.

Das Stadtviertel rings um die Stephanuskirche.
1891–1893 erbaut, wird sie seit 1968 als Büchermagazin der Universitäts- und Landesbibliothek genutzt. Am oberen Bildrand das Reileck.

Das Reileck von Nordwesten.
Der Blick reicht links oben von der Herderstraße im Paulusviertel bis
zur Mündung der Großen Wallstraße auf den Moritzburgring rechts oben.

Blick über die Mozartstraße auf das 1911–1912 erbaute Landesmuseum für Ur- und Frühgeschichte. Links die Richard-Wagner-Straße, rechts die Triftstraße.

Blick von der Ernestusstraße zum Landesmuseum für Ur- und Frühgeschichte und zum 1908 als Oberrealschule eröffneten Gebäude des Gymnasiums am Reileck.

Das Evangelische Diakoniewerk.
Das Haupthaus am Mühlweg wurde 1868 eingeweiht,
die anderen Gebäude auf dem im Norden von der Lafontainestraße und im Osten
vom Advokatenweg begrenzten Areal entstanden in den folgenden Jahrzehnten.

Blick von der Burgstraße auf die Gebäude des Evangelischen Diakoniewerkes.

Blick von der Ziegelwiese zur Burgstraße.

Blick über die Burgstraße auf das Stadtviertel
zwischen Reichardtstraße und Mühlweg.

Der Volkspark an der Burgstraße wurde in den Jahren 1906–1906 erbaut.

Blick über Lehmanns Felsen zur Burgstraße.
Auf dem Felsen das jetzt als Hotel genutzte, 1966–1968 erbaute Gästehaus. Am Riveufer rechts das Emilienheim, links davon die ehemalige Villa Lehmann und dahinter der Volkspark. Am linken oberen Bildrand Große Brunnenstraße und Triftstraße.

Blick über Giebichenstein und Kröllwitz nach Trotha.
Rechts unten mündet die Burgstraße auf die zur Trothaer Straße führende Seebener Straße.
Am linken oberen Bildrand Hafen und Kraftwerk an der Brachwitzer Straße.

Kröllwitz.
Blick über das Viertel um die 1900–1901 erbaute Petruskirche zur Saale.

Kröllwitz von Westen.
Links die Dölauer Straße; in der Bildmitte führt die
Kröllwitzer Straße zur Brücke. Am rechten Bildrand der Hohe Weg.

Kröllwitz.
Das Wehr an der ehemaligen, 1940 stillgelegten und teilweise zerstörten Keferstein'schen Papiermühle und der Ochsenberg.

Der Hafen in Trotha wurde 1931 seiner Bestimmung übergeben.

Das Kraftwerk in Trotha wurde 1924 erbaut und später erweitert.

Die Schleuse Trotha am Forstwerder.
Links am oberen Bildrand die alte Trothaer Mühle.

Das Nordbad zwischen Trothaer Straße und Saale entstand 1950–1956.

Bad Wittekind und die Wittekindstraße.
Links das Gesellschaftshaus von 1855, an der Straße die Kolonnaden, rechts das 1923–1925 erbaute Badehaus. Die Anlagen sind seit Jahren ungenutzt und verfallen.

Das Thomas-Müntzer-Gymnasium, 1901–1903 an der Friedenstraße
als Mittelschule erbaut. Links die Giebichensteiner Dorfkirche St. Bartholomäus;
rechts im Bild mündet die Triftstraße an der Lutherlinde in die Große Brunnenstraße.

Die Burg Giebichenstein von Westen.

Kröllwitz und Giebichenstein von Westen.
Die 1926–1928 errichtete Brücke verbindet die beiden Stadtteile. Am linken oberen Bildrand die Klausberge und dahinter die Seebener Straße.

Halle-Neustadt am Abend.
Blick von Osten; im Vordergrund die Moritzkirche.

Das Stadtzentrum am Abend.